en Calle de la Lectura

¡YUPI!

 **Glenview, Illinois • Boston, Massachusetts • Chandler, Arizona
Shoreview, Minnesota • Upper Saddle River, New Jersey**

¿Ya, Max?

¿Ya, Carlos?

¡Ya!

¡Max es rápido, rápido, rápido!

Max corre como un rayo.

¡Ya pasó a Carlos!

¡Max es rápido, rápido, rápido!

¿Qué pasa con Carlos?

¡Corre, corre más, Carlos!

¡Oye la máquina de Carlos!

Carlos sigue.

Carlos sigue con muchas ganas.

—Corre, Carlos —pide Bárbara.

—Yo te apoyo —añade Vico—. ¡Carlos!

¿Qué pasa con Max?

Max se ocupa con payasadas.

Max salta, salta, salta.

La meta es sólo tuya, Carlos.

¡Yupi! ¡Carlos ya ganó!